7
Lk 986.

SUR UNE ŒUVRE D'ART QUI S'EXÉCUTE A BÉTHARRAM,

Lieu de pèlerinage, aux Pyrénées.

> Dilexi decorem domûs tuæ.
> *Psalm.*

Après un rapide séjour à Pau, le Voyageur qui a résolu de visiter les Etablissemens Thermaux des Hautes-Pyrénées, parcourt une ligne presque continue de beaux villages qui propagent la population jusqu'au fond des vallées reculées, au pied des montagnes inaccessibles. Il a laissé à droite la petite ville de Nay, centre de l'industrie du pays, avec ses riches fabriques qui projètent leurs toits élevés sur les flots du Gave. Du côté opposé, il a vu disparaître la tour de Coarraze, noble débris d'un Château féodal, maintenant neuf et splendide, témoin des courses aventureuses du jeune montagnard Béarnais qui fut le roi Henri-le-Grand. A Igon, le voyageur a salué la pieuse maison des Filles de la Croix, noviciat d'une vie dévouée au soulagement des douleurs, et à l'instruction des petites filles du peuple. Un peu plus loin, à 25 kilomètres de Pau, il est parvenu au village de Lestelle, près du lieu où viennent s'unir les Hautes et les Basses-Pyrénées, à la limite des deux départemens et des antiques provinces, toujours sœurs, de Bigorre et de Béarn.

I.

Un Paysage.

Non-seulement le village de Lestelle est le passage obligé des nombreux voyageurs qui de Pau s'en vont aux Pyrénées, c'est aussi le rendez-vous que les habitans de la cité Béarnaise ont choisi de préférence pour leurs paisibles excursions. Les familles viennent y cueillir un jour de repos, de verdure et de soleil, trêve rapide entre les soucis de la veille et ceux du lendemain. Nature qui n'est pas encore grandiose, mais qui est belle, riche et d'une majesté tempérée par la grâce, elle abonde en prés fleuris, en clairs ruisseaux, en collines qui ondoyent jusqu'aux limites de la plaine, limites prochaines, car, à moins d'une lieue la montagne commence, et attire par un charme irrésistible les pas du promeneur.

Si vous restez quelques jours dans le village de Lestelle, les plus délicieuses promenades se disputent chacune de vos matinées. D'abord, c'est Montaut, joli village qui semble s'abriter mystérieusement sous ses frais côteaux, sur ses pelouses vertes et ombreuses, dans son creux vallon qui défie le regard de surprendre les montagnes voisines sous l'horizon. Un autre jour, vous visitez la grotte de Lestelle, une des plus merveilleuses que vous puisse offrir la nature souterraine des Pyrénées ; vous la rencontrez au premier versant de cette chaîne qui, traversée dans sa largeur, vous descendrait aux plaines d'Aragon. Ou bien encore, en suivant la route départementale des Pyrénées, vous arrivez, après une petite heure de marche, à Saint-Pierre-de-Genères, autrement Saint-Pé, où s'élevait jadis un pieux monastère du 11.e siècle, dont il reste de beaux débris d'architecture cintrée dans la partie basse du clocher. Il est impossible de s'abreuver de plus d'ombre et de fraîcheur qu'en allant s'asseoir parmi les charmantes lagunes préparées pour les moulins de Saint-Pé. D'un côté on a la petite cité aux vieux souvenirs chrétiens, jetée sur le penchant de la colline. Sur la droite, se dressent les Hautes-Pyrénées, dont le pied est presque au bord du torrent ; elles fuient devers Lourdes et Argelès, pour se clore derrière les magnificences de la vallée de Cauterets et de celle de Barèges.

Mais il faut concentrer nos regards ; le pays qui s'étend autour du village de Lestelle, n'est point l'objet de cette notice; ce que nous avons à dire est contenu dans le paysage que voici :

Arrêtez-vous à quelque distance, au-delà des dernières maisons du village, et recueillez le spectacle qui s'offre à vous. En face, ombragée par une épaisse colline, se montre une église que vous reconnaissez pour appartenir au 17e siècle. Sa façade, d'assez belle ordonnance, revêtue de marbre blanc et décorée de statues, ouvrage où l'art est surpassé par la matière, est empreinte de cette dignité particulière à tous les monumens d'un siècle qui fit de si grandes choses, mais qui avait perdu, il faut le dire, le sentiment primitif des constructions chrétiennes. Sur les flancs de l'église se prolonge un bâtiment dont l'architecture à lignes sévères vous indique un établissement clérical. A gauche roule le Gave, profond et rapide, large comme une rivière et tumultueux comme un torrent. Un pont d'une seule arche, jeté entre deux rochers, s'élève à une grande hauteur au-dessus des flots toujours calmes en cet endroit. Les rameaux d'un lierre séculaire pendent échevelés d'un côté de l'arche sur les flots. Le reste de l'ouverture étant vide, le regard s'y plonge ; il se perd le long du fleuve, à travers les accidens de la prairie, et monte aux hauts sommets des Pyrénées. C'est un paysage qu'il faut surtout contempler le soir, quand les feux du soleil, descendus de l'azur des monts, se répandent en reflets roses sur les fonds verdâtres de la rivière, et font étinceler l'écume mobile des brisans.

A droite, et un peu en-deçà de l'église, vous êtes auprès d'une colline assez haute, qui vous paraît entretenue avec soin et dans un but tout particulier. De distance en distance, des chapelles sont échelonnées, indiquant la spirale régulière du sentier. Au sommet une grande croix de bois se détache sous le ciel. (1) Et maintenant voici l'explication de tout ce paysage :

Ce fleuve est le Gave de Pau. Formé des beaux torrens qui se précipitent des hauteurs du Vignemale et du cirque de Gavarnie, il traverse les vallées et se rend à Pau où il prend son nom, pour le quitter lorsqu'il se jette dans l'Adour. Ce pont, jeté sur le Gave, continue

---

(1) Une jolie lithographie de M. Gudin placée dans le Panorama de Pau, de M. Dugenne, reproduit fidèlement l'église, ses accessoires, et le pont sur la gauche.

le grand chemin des Pyrénées. Cette église retirée, le bâtiment qui l'accompagne, la colline couronnée des signes sacrés de la rédemption, c'est l'église, le séminaire et le calvaire de Bétharram.

II.

Une Légende.

Elles sont douces, elles sont chères au cœur du croyant ces pieuses histoires qui gardent les souvenirs de la protection du Très-Haut. Précieux trésor populaire, elles constatent la perpétuité du lien mystérieux entre le ciel et la terre. En elles respire une lumineuse intelligence de la vérité chrétienne. Le maître du ciel, qui, il y a bien des siècles, a choisi un coin du monde pour y naître, y vivre et y mourir, n'a pas refusé de manifester par fois sa présence sensible, et d'établir en certains lieux de particulières communications de lui aux enfans des hommes. Elle aussi, la reine des anges et des saints, s'est plue à signaler les lieux qui seraient pour elle un séjour d'élection, où des larmes plus secrètes seraient essuyées, alors même que ne s'amortiraient pas toutes les douleurs.

Je vais dire la tradition du Pays sur la Vierge miraculeuse de Bétharram.

C'était au 11.e siècle, temps de piété ardente, de foi naïve, encore inaltérée, temps où Dieu multipliait les prodiges spirituels, en raison même de la foi des générations. Gaston IV régnait dans ces contrées ; noble seigneur, issu du sang Mérovingien, et compagnon de Godefroy, il avait soutenu devant Jérusalem l'honneur du nom chrétien, et fait flotter avec gloire la bannière de Béarn.

Donc, il arriva que des bergers du village de Lestelle aperçurent un soir une lumière éclatante sur la roche au pied de laquelle vous voyez assise l'église de Bétharram. Ils s'approchent et trouvent une image de la glorieuse Marie. Une niche fut dressée pour la recevoir, sur le territoire de Montaut, à l'extrêmité du pont qui existait alors, un peu en-deçà du pont actuel. Vous voyez aussi parmi des ruines cette niche parfaitement conservée et qui fut toujours vide. De tout temps ce fut l'usage en Béarn d'ériger au bout du pont une chapelle à la Vierge de Bon-Secours ; tout le monde se rappelle comment la chanson : « Nouste Dame deü cap » deü poun, » fut chantée par la mère de Henri IV, sous les douleurs du royal enfantement. La sainte image de Lestelle fut retrouvée le lendemain à son séjour préféré. Ceux du village la recueillirent alors, ils la portèrent avec pompe à leur église paroissiale qu'ils fermèrent à clef, faisant la garde soigneusement à l'entour. Mais celui qui se joue, quand il lui plait, des portes et des verroux (1), fit encore reparaître le trésor de grâce au lieu où il était descendu. C'est pourquoi une chapelle fut élevée au pied même du rocher. On l'appela Bétharram, c'est-à-dire beau rameau, selon quelques-uns *(Bet Arram)*. N'était-ce pas un divin rameau que cette image sainte, toujours retrouvée parmi les rameaux verds de la colline où son temple allait être élevé ? — Et durant tous les siècles du moyen-âge, grand fut le concours des pèlerins, nombreux furent les miracles qui s'opérèrent dans la chapelle de Bétharram.

Les vallées pyrénéennes abondent en légendes de cette

---

(1) *Contrivit vectes.* Psalm.

nature, toutes plus ou moins empreintes de sentiment et de poésie. Sans doute, ces gracieuses histoires, dont l'origine se perd dans les temps obscurs, n'ont pas toutes une égale authenticité. La vérité révélée est assez riche de ses miracles historiques pour ne pas obliger la foi hors des limites de la démonstration. *Rationabile obsequium vestrum*, dit l'Apôtre (1); mais aussi, comme l'a si bien dit M. de Châteaubriand, « il faudrait nous plaindre si, voulant
» nous soumettre aux règles de la raison, nous condam-
» nions avec rigueur ces croyances qui aident au peuple
» à supporter les chagrins de la vie, et qui lui enseignent
» une morale que les meilleures lois ne lui apprendront
» jamais. Il est beau que toutes nos actions soient pleines
» de Dieu, et que nous soyons sans cesse environnés de
» ses miracles (2). » L'Eglise aussi n'encourage qu'avec mesure ces laborieux pélerinages qui entraînent les populations à l'accomplissement de vœux excessifs, au préjudice de véritables devoirs. « Rarement se sanctifient ceux qui s'en vont en pays lointain; » *rarò sanctificantur qui peregrinantur* (3). Néanmoins, l'Eglise sourit à ceux qui aiment à reposer leurs pieds fatigués sous l'ombre rafraîchissante du lieu saint. Puis, quand un lieu est consacré depuis des siècles par la piété ou le concours des fidèles, croyez qu'il y a là je ne sais quel parfum de prière, qui demeure et va se communiquer à ceux qui sont entrés dans le même courant. La prière émane des plus hautes régions de l'intelligence; le privilège des lieux où beaucoup de monde a prié est d'éveiller la sympathie, d'émouvoir,

---

(1) Paul. *epist.*
(2) Génie du Christ., liv. 5, ch 6.
(3) Imit. Christi, liv. 1, ch. 23

de porter à l'effusion des larmes et des douleurs qui les ont causées.

Quand survinrent, au 16.ᵉ siècle, les mauvais jours de l'hérésie ; quand passa le farouche Montgommery, ses soldats détruisirent de fond en comble l'église de Bétharram. Ceux qui, après l'incendie et le massacre d'Orthez, avaient retiré du sépulcre la tête du noble vicomte Gaston Phœbus, et en avaient fait l'instrument d'un infâme jeu de quilles, ne pouvaient respecter ni les choses humaines ni les choses divines ; ils firent la guerre aux temples du Seigneur, et recommencèrent, après huit siècles, l'ouvrage des barbares Normands. — Passons sur de tels faits. Les hommes du parti de la vérité, dans ces temps indignes, ne furent pas non plus exempts de cruautés ; trop souvent ils se souillèrent par des représailles sanglantes. Puissent de pareils jours ne revenir jamais ! Il faut que les hommes se souviennent qu'ils sont frères, et que la seule guerre légitime qui puisse exister entre les intelligences est celle qui se fait par la parole, dans le champ d'une loyale et juste liberté.

Durant le demi-siècle que l'hérésie régna en Béarn, le lieu de Bétharram demeura l'objet de la vénération. La Vierge sainte était furtivement invoquée parmi les ruines de son temple. On raconte qu'en 1610, une épidémie faisant des ravages dans la contrée, et enlevant beaucoup de petits enfans, une mère plaça sur les décombres son enfant soigneusement enveloppé, et qu'après une nuit de prières, elle ramena au logis ce cher trésor miraculeusement rétabli. La Vierge mère signala son intercession en rendant à la joie plus d'un cœur maternel.

De meilleurs jours se levèrent enfin pour l'église de Béarn. En 1599, Henri IV replaça sur leurs sièges les évêques de Lescar et d'Oloron ; Louis XIII acheva l'ouvrage du roi Béarnais. La population rentra dans la foi antique. L'église de Bétharram fut rétablie par lettres du roi, vérifiées par le Conseil souverain de Béarn. Bien que traversée par de nombreux obstacles, l'œuvre s'accomplit, sous l'administration de M. de Salettes, évêque de Lescar, dont le zèle était dirigé par la science ; cette église qui fut alors bâtie est celle que vous voyez ; une congrégation de prêtres dévoués à la prédication fut attachée à la desservir, et l'on construisit pour eux le bâtiment qui est auprès. Le Calvaire aussi fut fondé par la plantation de la grande croix qui s'élève sur la montagne, à droite de l'église; cette cérémonie, se fit, avec un grand concours de peuple, le vendredi-saint de l'année 1623. Beaucoup plus tard, huit Chapelles furent construites, avec une voie facile et ombragée, autour de la montagne ; ces chapelles contenaient la représentation, par des sculptures coloriées et en bois, de la Passion du Sauveur.

Alors, et surtout dans les premiers temps qui suivirent la reconstruction, la Vierge Sainte, celle qui, selon la prière de S.t-Bernard, « n'a jamais laissé périr un de ceux qui l'ont invoquée avec confiance, » prodigua les grâces spirituelles et corporelles dans le lieu de sa prédilection. M. de Marca a consacré un ouvrage spécial à l'histoire de Bétharram ; il relate les guérisons extraordinaires survenues en ce lieu, et discute plusieurs faits avec la gravité qui appartient à l'illustre historien de notre Béarn. (1)

La révolution du 18e siècle rappella les désolations du

---

(1) Dans une courte brochure publiée en 1837, on trouve, sur les vicissitudes de l'église de Bétharram, beaucoup de détails que nous ne rapportons point. Un livre sérieux et complet sur Bétharram, est préparé en ce moment, par un savant professeur du Séminaire diocésain, membre de la Société Académique de Pau.

16e. Cependant l'église demeura; les stations seules furent détruites. Mais, quand la main du Grand-Homme eut fermé les plaies de la Patrie et celles de l'Eglise, en rendant à l'une et à l'autre l'ordre et la protection à défaut de la liberté, l'église de Béarn avait perdu ses deux évêchés, mais elle renaquit avec joie sous la juridiction Bayonnaise. Bétharram retrouva son calvaire, ses stations, son concours de peuple, ses pélerinages, sa foi au nom puissant de Marie. L'affluence recommença, et maintenant elle ne s'est point ralentie. Bien des hommes, échappant pour un jour à leur vie troublée, viennent chercher dans cet asile le tribunal qui réconcilie, et l'autel où se multiplie la charité. Septembre est le mois consacré; mais, dans les jours solennels de la sainte semaine, ce lieu prend un caractère plus auguste; le Calvaire est un calvaire véritable où, par les nuits froides de mars, la voie douloureuse est montée à genoux par ceux qui ayant beaucoup souffert ont beaucoup à obtenir, ou qui ayant beaucoup péché ont beaucoup à expier.

Le séminaire diocésain fut long-temps placé dans le bâtiment clérical; mais, depuis plusieurs années, ce bâtiment a été rendu à sa précédente destination. Là, encore des prêtres sont établis, chargés d'aller, sur les paroisses, réchauffer la foi tiédie, par des missions faites sans bruit avec la sainte humilité qui convient à leur institution. Quelques prêtres résident toujours dans la maison, à laquelle a été annexée une école du degré supérieur. Ceux-là gardent le Calvaire de Bétharram. Ils aiment que leur église soit visitée et honorée, mais leur zèle prudent n'encourage point les pieuses exagérations que nous venons de rapporter. Maîtres de la vie spirituelle, ils cultivent la retraite; ils aiment l'ombre, la vertu brille dans l'ombre comme le diamant. Le bruit importun de la politique s'arrête sur leur seuil ; ils ne lancent point d'envieux anathêmes ; ils n'attaquent pas, ils bénissent, contents de tenir levée une bannière immortelle, et d'appeler les cœurs souffrans à Celui qui a promis de les consoler.

III.

Un Calvaire.

Les stations en bois qui furent refaites au commencement de ce siècle, pour les chapelles de Bétharram, étaient d'une nature trop humble, souvent même trop peu dignes de leur destination, pour ne pas exciter un autre sentiment que celui qui doit attirer et captiver dans un lieu saint. Il y avait surtout un tableau, celui de la flagellation, dont la laideur était tellement idéale, que certaines femmes craintives auraient évité de considérer ces horribles bourreaux, à l'égard desquels l'ouvrier avait de beaucoup dépassé la permission de manifester la laideur de l'âme par la difformité des traits. Les choses en étaient là, quand deux illustres chefs de l'éloquence chrétienne, MM. Combalot et Lacordaire, conçurent ou approuvèrent le dessein de placer un monument, et s'il était possible, une grande œuvre d'art, dans la station de Bétharram. Un jeune artiste, M. Alexandre Renoir, accepta cette mission. Il passa par dessus toutes les difficultés, s'arrachant aux jouissances présentes de l'art, au tourbillon de la vie parisienne, aux chances de fortune par l'industrieux emploi du talent ; et il est venu depuis plus d'un an s'enfermer dans la solitude, avec son talent et sa volonté. C'est, en effet, un grand monument qu'il élève, à la gloire de la religion d'abord, puis à la sienne propre, selon ce qui est écrit, que « le reste sera donné par surcroît. »

Néanmoins, il faut avouer que le lieu de Bétharram est heureusement choisi pour y placer une œuvre d'artiste. Quoique très éloigné de la capitale, il est, par sa position sur le grand chemin des Pyrénées, très-connu des opulens et des nobles Parisiens qui s'y rendent à la saison des Eaux. La plupart des littérateurs et des artistes de cette époque, inhabiles à concentrer leurs efforts, ne visent qu'à se créer une clientelle productive, et à multiplier des ouvrages qu'un jour fait éclore, que l'on paie, mais pour lesquels le suffrage aussi s'épuise en un jour. C'est peut-être alors une bonne fortune pour un jeune talent de pouvoir placer une œuvre de conscience dans un lieu reculé, mais beau, vénéré, où l'on saura qu'il existe, et où viendront le visiter ceux dont le regard s'est fatigué parmi les prodigalités littéraires et artistiques, avec ou sans nom, qui pullulent dans la capitale.

Chaque station se composera d'un bas-relief avec figures de grandeur naturelle, tiré à moule brisé, exemplaire unique, représentant l'une des principales scènes de la Passion (1). Deux tableaux sont posés en ce moment et livrés au public. Nous ne trahirons point le secret de l'atelier en décrivant les esquisses des tableaux à faire; parlons seulement des deux premiers qui viennent d'être posés, et qu'il est loisible à chacun d'aller visiter.

Le premier de tous est le Christ au jardin des Oliviers.

(1) Il y aura onze tableaux, si l'on exécute les trois stations de la chapelle du haut de la montagne, ornée maintenant de tableaux de M. Butay, artiste de Pau, parmi lesquels on remarque une imitation de la grande descente de croix de Daniel de Volaterra.

Ce sujet si grand, si simple, et si souvent traité, ne pouvait l'être d'une manière plus grande, plus simple, et à la fois plus neuve, qu'il ne l'a été par M. Renoir. Quel sujet, en effet! Dans un même être il y a l'homme, il y a le Dieu; il y a l'homme de douleurs, celui qui sait l'infirmité, *vir dolorum, sciens infirmitatem*; mais aussi il y a le Dieu, dans sa force voilée, le Dieu qui meurt parce qu'il consent à mourir. Comme la nature succombe, mais aussi comme elle est relevée par la dignité divine! Quel mystère de force et d'abattement dans ce corps qui s'affaisse et pourtant résiste, dans ce bras qui s'abandonne avec douceur à la main de l'Ange, dans cette tête sacrée, qui se penche moins encore sous la douleur que sous la contemplation! Si l'on se plaignait de voir le regard du Christ trop complètement baissé, ne montant pas assez vers son Père, il serait aisé de répondre que l'homme seul a besoin d'élever ses regards pour contempler le ciel; à l'Homme-Dieu c'était assez de se recueillir et de contempler ce ciel en lui-même. Une autre beauté du premier ordre dans le bas-relief de Bétharram, c'est l'ange soutenant le Christ. Dans quel grand goût il se détache tout entier sur le fonds de ses deux vastes ailes qui l'environnent comme d'un nimbe glorieux! Il soutient Jésus, mais sa figure, comme celle de l'ange au Calice, montre assez que le fils de Dieu n'a besoin d'être soutenu que parce qu'il le veut bien, et que lui, l'ange du Très-Haut, n'est là que pour prêter un ministère passif au sacrifice qui doit s'achever au Golgotha.

Le deuxième bas-relief représente le moment où Jésus est arrêté sur le signal du disciple infidèle. On peut se former une idée du Christ du 2.ᵉ tableau par la lithographie qui est en tête de cette notice. Au bas-relief il est presqu'en ronde bosse entière, et il faut admirer la majesté de son expression, de son regard, de son geste, et surtout le caractère monumental de sa pose. Le mouvement du Christ, marchant et parlant, est beau et rare ; il rappelle le type connu du Christ de Thorwalsden, dans la cathédrale de Copenhague, marchant et évangélisant au milieu de ses douze apôtres, magnifique ouvrage du sculpteur Danois, que M. Renoir n'a pas imité, mais qu'il a peut-être dépassé par l'expression. Saint-Jean aussi est d'une beauté parfaite. Ses cheveux flottans, son ample robe, ses bras en croix, le mouvement de tout son corps, son regard ardent et divin, tout cela tend à l'idéal ; il supplie le Maître de lui permettre de le défendre, et d'imiter la colère trop impatiente de saint Pierre. Le Sauveur l'arrête doucement de la main droite, et il semble lui dire : « Laissez, Jean ; croyez-vous donc que je n'aurais pas des milliers d'anges ? »

Il y a à faire une observation importante pour que l'on juge dans quel style sera exécuté le calvaire de Bétharram. Depuis un certain nombre d'années l'art, échappé aux sujets helléniques et romains introduits par l'illustre peintre David, a essayé de s'abreuver aux sources chrétiennes, il a aimé le moyen-âge, et il a fait effort pour en retrouver l'esprit.

Mais deux conditions étaient indispensables ; il fallait avoir la foi ; il fallait demeurer fidèle aux immortels préceptes de l'antiquité. Et d'abord, comment voulez-vous reproduire avec bonheur les personnages divins, si vous ne croyez pas à leur divinité, si vous n'aimez pas ce qu'ils aiment, si vous n'avez pas saisi l'idéal de leurs traits dans une pieuse contemplation, si enfin il n'y a là pour vous qu'une autre mythologie que préfère votre goût capricieux et avide de renouvellement? D'un autre côté, il ne faut pas mettre en oubli les principes de l'art. Sans doute les œuvres de peinture et de sculpture du 13.ᵉ siècle avaient leur beauté; elles avaient leur parfaite convenance avec les grandes basiliques; elles avaient la naïveté sainte et pure des premières traditions; elles sont chères encore au sentiment archéologique, à ceux qui aiment à suivre les traces du temps dans les objets qu'il a respectés. Mais des pastiches sans grâce et sans style, une imitation sans foi ou une imitation inintelligente, ne peuvent que faire rétrograder l'art, cette grande forme du culte du beau. Ainsi, de jeunes sectateurs de la forme et du costume du moyenâge, plus habiles à imaginer qu'à sentir, ont affecté les formes frêles, incorrectes, anguleuses des monumens du 13.ᵉ siècle; et ils ont abdiqué à la fois les deux élémens de toute beauté, l'esprit et la forme, dans leur accord mutuel, dans la subordination de la forme à l'esprit.

Plus fidèles à cette dernière condition de tout art ont été les peintres Allemands des écoles de Dusseldorf et de Munich. Unissant aux mystérieuses figures de l'art Bysantin, les souvenirs des types hiératiques encore existant sur les fresques des catacombes de Rome, et idéalisant ces types imparfaits par la grande école anté-Raphaëlique des Fiesole, des Pérugin, des Ghiberti, ces peintres allemands, Cornélius, Overbeck, Schnorr, et le statuaire Ebehrard, ont ramené l'art chrétien au juste sentiment de lui-même, de sa dignité native, de son antique originalité. La conciliation de la forme antique et de l'esprit chrétien s'est encore montrée plus complète en France dans l'école du maître qui peignit l'apothéose d'Homère et le martyre de Saint-Symphorien. Sous la discipline de cet illustre ancien, les artistes ont compris qu'il y avait deux écueils à éviter; d'abord, celui de retracer les mystères chrétiens sans intelligence et sans foi, comme en certaines peintures d'une riche et récente église de Paris; puis celui de faire bon marché de la forme antique, en copiant les types sans beauté du 13.ᵉ siècle, et n'ayant d'autre souci que la recherche d'une obscure idéalité. On a compris que les formes consacrées par l'art devaient être appelées à revêtir les types augustes et primitifs du spiritualisme chrétien.

L'art chrétien, dans le siècle où nous vivons, a de grandes difficultés. Quelle question que celle de savoir dans quel genre il convient de l'exercer! Mais d'abord, il faut distinguer l'architecture d'avec les autres arts. Il n'y a rien à ajouter, rien à retrancher à cette architecture des basiliques, émanée des profondeurs de la pensée chrétienne au moyen-âge, art nouveau, achevé, complet, que l'on ne pourrait, sans blasphème envers le symbolisme qui fait sa vertu, accuser d'infériorité vis-à-vis de l'art d'ailleurs si parfait des temples antiques. Si nous avions des églises à bâtir, et qu'il fût possible de réunir tous les matériaux qui font encore la beauté des cathédrales, qui donc oserait nous bâtir de ces chapelles si aérées et si claires, si bien dorées, si confortables pour les réunions du beau monde, mais si privées d'inspiration, d'harmonie intérieure, d'accord avec le mystère chrétien, si dépourvues de cette profondeur sombre qui appelle et fixe le recueillement? La religion, en détruisant l'hellénisme, en secouant ce culte matériel, a dû se créer une autre architecture; elle a dû donner une autre voix, un meilleur sens, un esprit vivant, aux pierres qui édifieraient la maison où l'on adore en esprit et en vérité.

Mais si cela est vrai de l'architecture qui est, jusqu'à un certain point, un art conventionnel, en sera-t-il de même de la peinture et de la statuaire, lesquelles ne sont rien si elles ne sont pas la représentation fidèle, bien qu'idéale, de la nature de l'homme? Au moyen-âge, la statuaire ne vivait guére de sa vie propre, elle était partie inhérente de l'architecture. Son imperfection convenait assez au génie des cathédrales. Bornée à des représentations symboliques, elle s'effaçait devant les magnificences du vaisseau qui la contenait Mais depuis que l'art a parcouru son cercle de progrès, depuis que la statuaire, ayant sa vie et sa valeur en soi, s'est montrée et a marché libre au soleil commun, il faut, si elle veut vivre, qu'elle soit fidèle aux éternelles traditions du beau, et que les plus divins types se gardent de répudier la forme humaine, la plus digne, la plus conforme à l'idéal, ou plutôt à la réalité de l'art.

Un poète célèbre, André Chénier, a écrit un vers que les littérateurs contemporains ont beaucoup répété :

> Sur des pensers nouveaux faisons des vers antiques.

Ce vers aussi doit servir de règle aux artistes chrétiens. Qu'ils aiment, et recherchent par les sérieuses études de l'atelier, le beau, tel que le manifestent les règles de l'art; qu'ils se gardent d'une imagination décevante, et qu'ils n'oublient pas que même les conceptions les plus saintes s'aggrandissent encore, s'il est possible, en se revêtant du pur éclat de la beauté plastique.

Celui qui exécute en ce moment les stations de Bétharram appartient à cette manière de voir. C'est là son principe, son point de départ; c'est ce qui fait la vertu de son œuvre, et ce qui la recommandera à la postérité. Sorti de l'école si parfaitement grecque de M. Pradier, il sait l'autorité souveraine des règles de l'art. C'est pourquoi, après avoir admiré les hautes qualités qui tiennent à l'inspiration et à la composition dans cet artiste, et reconnu la solennité de ses types chrétiens, on est forcé de rendre témoignage à la pureté délicate de ses contours, à la beauté sévère de ses profils, à la justesse de ses proportions, enfin à son art, ignoré des imitateurs inconsidérés du moyen-âge, de faire ressortir le nu, le modelé, sous l'heureux agencement, sous le jeté large et bien entendu des draperies.

AIDEZ-NOUS :

Vous tous qui aimez à voir rehausser par les splendeurs de l'art ce qui est par lui-même l'objet de votre vénération; vous qui, trop accoutumés à monter incessamment dans votre vie même le chemin de la Croix, aimez à adoucir vos douleurs dans la commémoration de celles d'un Dieu; esprits choisis parmi les âmes pieuses qui sentez redoubler votre ferveur devant une vive et belle représentation de ce que vous aimez; vous aussi qui, portant la vie avec plus de légèreté, ne voyez pas dans le lieu saint la piscine qui rafraîchit le voyageur au désert, mais qui aimez l'art pour l'art, beau culte encore et généreux à défaut d'un culte meilleur, venez donc tous en aide aux pauvres prêtres qui ont entrepris de vous donner le Calvaire de Bétharram. Je m'adresse à vous, nobles Etrangers, qui chaque année remplissez de votre abondance nos vallées Pyrénéennes; soit que vous veniez demander la santé à nos sources vivifiantes, soit que les beautés de cette nature incomparable vous conduisent, c'est pour vous une chose inattendue qu'un tel monument à la barrière de nos Pyrénées. Cet octroi que nous levons sur vous est digne, il est de bonne compagnie et ne vous sera point importun; cet octroi de l'intelligence vous ne le récuserez pas. Décorer la maison du Seigneur est, après le soulagement des pauvres, le plus noble emploi de ce superflu que Dieu vous donne. Les œuvres de l'art sont bien rares sur le sol de France, en dehors de la capitale, et cela cause notre grand deuil à nous qui vieillissons dans les provinces reculées. C'est pourquoi, vous surtout gens de cette belle contrée, race intelligente, aux mœurs douces et cultivées, au moment où la noble image du roi Béarnais va rentrer dans les murs de cette cité de Pau d'où il sortit un jour et alla conquérir un si beau royaume, vous encouragerez cette autre entreprise qui a pour objet d'ajouter aux richesses naturelles de ce pays les richesses de l'art, plus précieuses encore.

Par l'Auteur de « l'*Essai sur la Philosophie des Arts du Dessin*, » in-8.° publié en 1838.

Pau, juin 1842.

La souscription pour le monument de Bétharram est ouverte : 1.° au secrétariat de la Maison; — 2.° chez M. *Julien*, avocat à Montaut et à Pau; — 3.° chez M. *Peyrounat*, notaire à Pau; — chez tous les Notaires de l'arrondissement; — au Bureau du *Mémorial des Pyrénées*.

PAU, IMPRIMERIE DE É. VIGNANCOUR.

www.ingramcontent.com/pod-product-compliance
Lightning Source LLC
Chambersburg PA
CBHW060619050426
42451CB00012B/2333